Lamm *genuss*

Kulinarisches für Feinschmecker

Fotografiert von Günter Pump

Husum

Einleitung

Lamm steht für Genuss. Das Fleisch ist mit seinem milden, aber dennoch würzigen Geschmack eine ganz besondere Delikatesse. Es lässt sich auf vielfache Arten zubereiten, weil es feine Kräuter und die verschiedensten Gewürze liebt. Lammfleisch stammt von Tieren, die bis zu einem Jahr alt sein können, in der Regel aber bereits nach sechs oder acht Monaten geschlachtet werden. Die Weidehaltung und das natürliche Futter sind ausschlaggebend für die hohe Qualität des Fleisches, das sich durch seinen hohen Gehalt an Eiweiß, Vitaminen und Mineralstoffen auszeichnet.

Als fester Bestandteil der mediterranen Kochkunst, die bei uns immer mehr Anhänger findet, hält Lammfleisch auch in Deutschlands Küchen Einzug. Sein aromatischer Geschmack verleiht mittlerweile vielen – auch traditionellen – Gerichten die besondere Note. Mit seinem geringen Fettgehalt eignet sich Lammfleisch für die moderne, kalorienbewusste Küche ebenso wie für ausgesuchte Kreationen der Gourmet-Köche.

Lammtopf

500 g Lammfleisch, Pfeffer, Basilikum, Curry, 3 EL Öl, 1 l Fleischbrühe, Salz, 500 g Möhren, 500 g Kartoffeln, 250 g Porree.

Fleisch in mundgerechte Stücke schneiden. Mit Pfeffer, Basilikum und Curry einreiben. In einem großen Topf in Öl anbraten. Mit Fleischbrühe auffüllen und 30 Minuten garen lassen. Salzen. Möhren und Kartoffeln waschen und schälen, Möhren in Scheiben und die Kartoffeln in Würfel schneiden und 20 Minuten mitkochen. Porree putzen, waschen, in Ringe schneiden und noch 10 Minuten mitgaren. Mit Pfeffer und Basilikum abschmecken.

Partysuppe

1000 g Lammfleisch, 4 EL Öl, 3 Zwiebeln, 1 Knoblauchzehe, 500 g Tomaten, 2 EL Tomatenmark, Salz, Pfeffer, $^1/_2$ TL Thymian, Tabasco, Cayennepfeffer, Paprika edelsüß, $1^1/_2$ l Fleischbrühe, 1 Stange Porree, 2 Möhren, 2 grüne Paprikaschoten.

Fleisch in kleine Würfel schneiden und in Öl anbraten. Zwiebelwürfel, zerdrückte Knoblauchzehe, geschälte, gewürfelte Tomaten und das Tomatenmark zugeben. Alles andünsten und mit Salz, Pfeffer, Thymian, einigen Spritzern Tabasco, Cayennepfeffer und Paprika kräftig würzen. Mit Fleischbrühe auffüllen. 40 Minuten garen. Dann geputzte Porree- und Möhrenscheiben und Paprikastreifen zugeben. Die Suppe noch 20 Minuten kochen. Erneut würzen.

Als Beilage: Brötchen

Irish Stew

750 g Lammfleisch, 500 g Kartoffeln, 750 g Weißkohl, 3 Zwiebeln, Salz, Pfeffer, 1 TL Kümmel, $^1/_2$ l Brühe.

Fleisch, Kartoffeln und Zwiebeln würfeln, Kohl in Streifen schneiden.
Alle Zutaten in einen großen Topf schichten, würzen und mit Brühe auffüllen. Etwa 60 Minuten garen. Evtl. Brühe nachgießen.

Bohnentopf

750 g Lammfleisch, 750 g grüne Bohnen, 750 g Kartoffeln, 2 Zwiebeln, 1 Zweig Bohnenkraut, Salz, Pfeffer, Petersilie.

Fleisch würfeln, Zwiebeln achteln und beides in 750 ml Salzwasser etwa 40 Minuten kochen. Inzwischen die Bohnen vorbereiten und in Stücke brechen. Kartoffeln schälen, in Würfel schneiden. Bohnen, Bohnenkraut und Kartoffeln zum Fleisch geben und noch 20 Minuten garen. Mit Salz und Pfeffer abschmecken. Mit Petersilie bestreut servieren.

Lammragout mit Möhren

750 g Lammschulter ohne Knochen, 2 Zwiebeln, 2 EL Öl, 1 Knoblauchzehe, Salz, frisch gemahlener Pfeffer, $^{1}/_{4}$ l Brühe, 250 g Möhren, 500 g Kartoffeln, 1 Zweig Thymian.

Fleisch würfeln. Zwiebeln abziehen und ebenfalls würfeln. Fleisch in heißem Öl braun anbraten. Zwiebeln und zerdrückten Knoblauch zugeben und kurz mit andünsten. Salzen und pfeffern. Brühe zugießen. Im geschlossenen Topf bei kleiner Hitze etwa 75 Minuten schmoren.
Inzwischen Möhren und Kartoffeln schälen. Möhren in mundgerechte Stücke schneiden. Kartoffeln würfeln. Thymianblätter abzupfen. Möhren, Kartoffeln und Thymian zum Fleisch geben und weitere 30 Minuten schmoren. Mit Salz und Pfeffer nachwürzen.

Gekochte Lammschulter

800 g Lammschulter (ohne Knochen), 1 dicke Stange Lauch, Salz, Pfeffer, Majoran, Knoblauchzehe. 1 Möhre, 1 Sellerie, 1 Petersilienwurzel, 1 kleine Stange Lauch, Salz, Lorbeerblatt.
Meerrettichsoße: 40 g Butter, 30 g Mehl, $^{1}/_{4}$ l Milch, $^{1}/_{4}$ l Fleischbrühe, 1 kleine Stange Meerrettich, Salz, Zucker, Zitronensaft.

Lammschulter abspülen und trocken tupfen. Eine Seite mit zerdrücktem Knoblauch, Salz, Pfeffer und Majoran einreiben. Dicke Lauchstange in die Lammschulter einrollen und das Ganze mit Küchengarn fest umwickeln.
In kochendes, gesalzenes Wasser geben. 60 Minuten köcheln lassen. In Streifen geschnittene Möhre, Sellerie, Petersilienwurzel, Lauch und Lorbeerblatt dazugeben und weitere 30 Minuten garen.
Für die Meerrettichsoße die Butter erhitzen, Mehl darin anschwitzen. Mit Milch und Brühe aufgießen und zu einer sämigen Soße kochen. Mit Salz, Zucker und Zitronensaft würzen. Meerrettich schälen und reiben. In die Soße geben und nochmals erhitzen.
Das Fleisch in Scheiben schneiden und mit Soße und Salzkartoffeln anrichten. Dazu schmecken Rote Beten.

Lammfilet mit Rotkohlgemüse

1000 g Rotkohl, 100 g Butter, Salz, 1 EL Zucker, 125 ml Rotwein, 60 ml Weinessig, 1 rotschaliger Apfel (etwa 200 g), 1 EL Rosinen, 1 Packung Klöße (halb und halb), 250 g Champignons, 1 Zwiebel, 200 g Crème fraîche, Salz und Pfeffer, einige Stiele Schnittlauch, 400 g Lammrückenfilet, 1 EL Öl.

Die äußeren Blätter vom Rotkohl entfernen, waschen, vierteln, Strunk entfernen und den Kohl in Streifen schneiden. In 50 g Butter andünsten, salzen. Zucker, Wein und Essig mit 1 Tasse Wasser zum Kohl geben. 30 Minuten dünsten lassen. Apfel entkernen und in kleine Würfel schneiden, zusammen mit den Rosinen dazugeben und noch weitere 10 Minuten garen.
In der Zwischenzeit Klöße zubereiten. Pilze putzen und in Stücke schneiden. Gepellte Zwiebel in feine Würfel schneiden, in der Butter andünsten, Pilze zufügen, kurz mitschmoren lassen. Crème fraîche hinzufügen. Mit Salz und Pfeffer abschmecken und 10 Minuten köcheln lassen.
Lammfilet in Öl bei mittlerer Hitze unter Wenden etwa 10 Minuten braten. In Scheiben schneiden.
Klöße mit klein geschnittenem Schnittlauch bestreuen, mit Rotkohl und Pilzsoße zum Lammfilet servieren.

Rappenhof
RHEINHESSEN
Produce of Germany
e 750 ml

Lammfilet mit Rosmarinkartoffeln und Buttergemüse

600 g gewürztes Lammfilet, 600 g Kartoffeln, 500 g Möhren, 500 g Kohlrabi, Salz, Pfeffer, Butterschmalz, 1 EL Butter, 1 Zweig Rosmarin.

Kartoffeln, Möhren und Kohlrabi schälen und waschen. Möhren in Scheiben, Kohlrabi in Stifte und die Kartoffeln in Spalten schneiden. Kartoffeln in Butterschmalz etwa 20 Minuten bei mittlerer Hitze goldgelb braten. Mit Salz, Pfeffer und gehackten Rosmarinnadeln würzen. Möhren und Kohlrabi in Salzwasser garen, abgießen und in der Butter schwenken.
Lammfilet in Butterschmalz etwa 3 Minuten braten.

Gekräutertes Lammfilet mit Ratatouille

4 Lammfilets, Salz, Pfeffer.
8 EL Olivenöl, 2 EL Zitronensaft, 2 TL Rosmarinnadeln, 4 Salbeiblättlein, $^1/_2$ Bund glatte Petersilie, 10 Minzeblättchen, 2 Knoblauchzehen, Pfeffer, Salz.
1 Stange Lauch, 300 g Zucchini, je 1 rote, grüne und gelbe Paprikaschote, 1 große Zwiebel, 2 Knoblauchzehen, 4 EL Öl, Salz, Pfeffer, 2 TL getrocknete Kräuter der Provence, $^1/_4$ l Gemüsebrühe.

Für die Soße Kräuter und Knoblauchzehen fein hacken, mit Öl, Zitronensaft, Pfeffer und Salz verrühren.
Gemüse putzen, waschen und in große Stücke schneiden. Knoblauch zerdrücken und in Öl glasig dünsten. Gemüse dazugeben, würzen und mit Brühe angießen. Bissfest garen.
Lammfilet in heißem Öl 3–4 Minuten braten. Beim Anrichten schräg in drei Teile schneiden und mit der Kräutersoße überziehen.

Dazu schmecken Kroketten.

Lammfilet in Mandel-Vanillesoße

30 g Mandeln, 600 g Lammfilet, 200 g Zwiebeln, 2 Vanilleschoten, 30 g Butterschmalz, $^1/_2$ Glas Portwein, Salz, Pfeffer.

Mandeln mit kochendem Wasser überbrühen. Lammfilet waschen und trocken tupfen. Zwiebeln pellen und achteln. Vanilleschoten der Länge nach aufschneiden und mit einem Messerrücken das Mark herausschaben. Mandeln abgießen, die braune Schale abziehen, trocken tupfen.
Butterschmalz erhitzen und das Filet darin rundherum anbraten. Zwiebeln zufügen und ebenfalls anbraten. Vanilleschoten und -mark, Portwein und 150 ml Wasser zufügen und 5 Minuten schmoren.
Lammfilet herausnehmen, in Folie wickeln und warm stellen. Mandeln in die Soße geben und 10 Minuten köcheln lassen. Vanilleschoten entfernen und die Soße mit Salz und Pfeffer würzen. Mit dem Lammfilet anrichten.

Lammkeule auf Wirsing

1500 g Lammkeule, 2–3 l Buttermilch, Salz, Pfeffer, 100 g warme Butter, 50 g Semmelbrösel, $^{1}/_{2}$ l Weißwein, $^{1}/_{8}$ l saure Sahne, 2 EL Johannisbeergelee.
1000 g Wirsing, 30 g Semmelbrösel, 50 g Butter.

Keule über Nacht in der Buttermilch marinieren. Trocken tupfen, etwas salzen und pfeffern. Oberfläche mit der Hälfte der Butter bestreichen, die Semmelbrösel darüberstreuen. Restliche Butter in der Pfanne zerlaufen lassen. Keule daraufgeben. Im vorgeheizten Ofen bei 200 °C etwa 90 Minuten braten, dabei das Fleisch öfter mit Wein und Bratenfond begießen. Herausnehmen, warm stellen. Sahne in den Fond gießen und 10 Minuten leicht kochen, das Johannisbeergelee darunterrühren.
Wirsingkopf putzen, waschen, vierteln und Strunk entfernen. In Salzwasser gar kochen (etwa 40 Minuten), gut abtropfen lassen. Semmelbrösel in der Butter goldbraun rösten und über die Wirsingviertel verteilen.

Dazu Salzkartoffeln.

Lammkeule mit Kräuterkruste

1000 g Lammkeule ohne Knochen, Salz, Pfeffer, $^1/_2$ l Brühe, 1 Bund Zitronenmelisse, 1 Bund Estragon, 1 Bund Thymian, 1 Bund Rosmarin, 2 Knoblauchzehen, 4 EL Semmelbrösel, 4 EL Aprikosengelee.

Lammkeule waschen, trocken tupfen. Äußeres Fett entfernen und würfeln, im Bräter auslassen und die gesalzene und gepfefferte Keule darin gut braun anbraten, mit der Brühe ablöschen. Im Ofen bei 200 °C etwa 80 Minuten garen. Zwischendurch mit Bratenflüssigkeit begießen.
Kräuter waschen, fein hacken und mit den übrigen Zutaten mischen. 15 Minuten vor Ende der Garzeit die Keule mit der Kräutermasse bestreichen.
Aus dem Bratenfond die Soße zubereiten.

Lammkeule mit Klößen

1000 g Lammkeule, 2 Knoblauchzehen, Salz, Pfeffer, Röstgemüse, Bratfett, 1000 g grüne Bohnen, 50 g Bauchspeck, Klöße.

Die Lammkeule in Bratstücke teilen, Salz, Pfeffer und zerdrückten Knoblauch mischen. Alles zusammen mit dem Röstgemüse stark anbraten, Brühe hinzugeben und garen. Bohnen blanchieren, in kleinen Bündeln mit Bauchspeck umwickeln und in Butter dünsten.

Lammkeule in Heu gegart

von Holger Heß

1 Lammkeule (ca. 1200 g ohne Knochen), Olivenöl, Senf, Knoblauchpulver, Salz, 5 Knoblauchzehen, frischer Thymian, frischer Rosmarin, $^1/_8$ l Rotwein, 4 cl Sherry, 2 EL Butter, Minze, 2 Hände voll Heu.

Olivenöl, Senf, Knoblauchpulver und Salz miteinander vermischen. Mit dieser Mischung die Keule einreiben und etwa 45 Minuten ruhen lassen. Die Keule in einer Pfanne bei großer Hitze sehr scharf anbraten. Einen Bräter mit Heu auslegen. Die angebratene Keule auf das Heu setzen.
Die Gewürze dazugeben. Die Knoblauchzehen grob in Stücke schneiden und um die Keule auf dem Heu verteilen. Mit Rotwein angießen. Die zweite Lage Heu leicht anfeuchten und auf die Keule legen. In dem geschlossenen Bräter bei etwa 220 °C im Ofen für etwa 20 Minuten garen. Die Temperatur dann auf 90 °C zurückdrehen und weitere 2 Stunden garen lassen.
Aus dem Fond eine Soße herstellen. Butter, Sherry und gehackte Minze dazugeben und alles kurz aufkochen.
Die Keule aufschneiden und leicht mit Soße nappieren.

Mit Petersilienkartoffeln und Butterbohnen servieren.

Lammkeule mit Speckbohnen

1500 g Lammkeule, Salz, Pfeffer, 2 EL Senf, 2 EL Öl, $^1/_4$ l Brühe, 2 Zwiebeln, 1 EL Mehl, 5 EL süße Sahne.

Das Fett vom Fleisch schneiden. Die Keule mit Salz und Pfeffer tüchtig einreiben, dann von allen Seiten mit Senf bestreichen. Das abgeschnittene Lammfett zerkleinern und in einem Bräter auslassen. 2 EL Öl dazu, dann die Keule scharf anbraten. Die geschälten, halbierten Zwiebeln anrösten. Mit der Brühe ablöschen.

Nun die Keule im vorgeheizten Backofen bei 200 °C zugedeckt etwa 2 Stunden schmoren. Zwischendurch muss sie immer wieder mit kaltem Wasser begossen werden.

Die fertige Keule aus dem Fond nehmen und warm stellen. Den Fond durchgießen, Mehl und Sahne verrühren. Die Soße damit binden und noch einmal mit Salz und Pfeffer abschmecken.

Zur Lammkeule werden grüne Speckbohnen und Salzkartoffeln gegessen.

Lammscheiben mit Tomatengemüse

4 mittelgroße rote Zwiebeln, 3 Knoblauchzehen, 4 Lammbeinscheiben, 750 g Tomaten, je 3–4 Stängel frischer Koriander, Petersilie und Schnittlauch, 4 EL Öl, Salz, Pfeffer, 1 Prise Zucker.

Zwiebeln und Knoblauch abziehen und fein würfeln. Lammbeinscheiben mit der Zwiebelmischung belegen. Scheiben aufeinanderschichten, zugedeckt 3 Stunden kühl stellen.
Tomaten abziehen und würfeln. Kräuter waschen, trocken tupfen und sehr fein schneiden. Die Zwiebelmischung vom Fleisch streifen und in 2 EL heißem Öl bei schwacher Hitze glasig dünsten. Tomaten zugeben und bei mittlerer bis starker Hitze unter Rühren etwa 5 Minuten schmoren, bis sie knapp weich sind. Mit Salz, Pfeffer und Zucker würzen und warm halten.
Restliches Öl in einer Pfanne erhitzen. Lammscheiben darin bei mittlerer bis starker Hitze je Seite etwa 5 Minuten braten. Mit Salz und Pfeffer würzen und mit dem Tomatengemüse auf Tellern anrichten. Zerkleinerte Kräuter über Fleisch und Tomaten streuen.

Mit Salzkartoffeln, Reis oder Weißbrot servieren.

Kräuter-Rouladen

4 Scheiben Lammfleisch aus der Keule, Salz, Pfeffer, Senf, 2 Zwiebeln, 1 Bund Petersilie, 1 Bund Estragon, 1 Bund Oregano, 2 EL Öl, 30 g Butterschmalz, 1 Bund Suppengemüse, $^1/_4$ l Lammfond, 1 Becher Crème fraîche, Soßenbinder, Rouladenspieße.

Zwiebeln würfeln, Kräuter fein hacken. Zwiebeln, Kräuter, Salz, Pfeffer, Senf und Öl mischen. Mit der Masse die Fleischscheiben bestreichen und aufrollen. Mit Spießen zusammenstecken. Im Butterschmalz von allen Seiten braun anbraten. Das zerkleinerte Suppengemüse kurz mit anrösten, mit Fond aufgießen und 60 Minuten garen. Soße mit Soßenbinder und Crème fraîche andicken.

Dazu gelbe Rüben und Butterkartoffeln reichen.

Lammrücken auf Rosmarinkartoffeln

1000 g Lammrücken, 2 Knoblauchzehen, Salz, Pfeffer, Thymian, Rosmarin, 2 EL Öl.

Lammrücken salzen, pfeffern, die zerdrückten Knoblauchzehen und die Kräuter mit dem Öl verrühren. Das Fleisch damit einreiben.
Ofen auf 250 °C vorheizen. Den Lammrücken etwa 30 Minuten braten, Temperatur auf 150 °C schalten und weitere 30 Minuten im Herd lassen.

Anrichten mit Rosmarinkartoffeln und Wirsingkohl.

Lammkrone

1 Lammrücken von 6–8 Rippen, Salz, Pfeffer, Thymian, 1 große Zwiebel, $^{1}/_{2}$ Sellerieknolle, $^{1}/_{2}$ l Brühe, 1 EL Mehl, $^{1}/_{4}$ l Sahne.

Lammrücken entlang der Wirbelsäule halbieren, dann die Wirbelknochen entfernen. Beide Teile mit den Knochen nach außen mit einem festen Faden zu einer Krone formen. Mit Salz, Pfeffer und Thymian einreiben, auf einem Grillrost auf die Fettpfanne in den auf 180 °C vorgeheizten Ofen schieben. Vorher in die Fettpfanne gewürfelte Zwiebeln und Sellerie mit der Brühe geben.
Bratzeit etwa 75–90 Minuten.
Bratensatz durch ein Sieb streichen. Mit Mehl binden und mit Sahne verfeinern.

Als Beilage: zartes Gemüse und Petersilienkartoffeln.

Lammrücken mit Äpfeln

1000 g Lammrücken, 2 Knoblauchzehen, 1 Zitrone, 3 EL Öl, Salz, Pfeffer, 3 feste, säuerliche Äpfel.

Das Fleisch mit den zerdrückten Knoblauchzehen, Salz, Pfeffer, Zitronensaft und Öl einreiben und ziehen lassen. Die Fettpfanne mit etwas Wasser in den 225 °C heißen Backofen schieben. Auf dem Rost darüber den Lammrücken legen und 60 Minuten braten. Zwischendurch mit dem Bratenfett bepinseln.
Die Äpfel in Spalten schneiden und vom Kerngehäuse befreien.
Den Braten in Kotelettbreite einschneiden und die Apfelscheiben in die Öffnungen stecken. Alles mit Bratensaft bestreichen und noch 30 Minuten braten. Restliche Apfelstücke 10 Minuten mitgaren.

Lammspieß

600 g Lammfleisch (Keule oder Rücken), 4 EL Öl, Rosmarin, Basilikum, Thymian, Pfeffer, 200 g durchwachsener Speck, kleine Zwiebeln, Salz, Rosmarinzweige als Spieße.

Fleisch würfeln. Die Gewürze mit dem Öl mischen und darin das Fleisch etwa 30 Minuten ziehen lassen. Fleischwürfel, Speckscheiben und Zwiebelviertel abwechselnd auf die Rosmarinzweige stecken. In der Pfanne 5–6 Minuten braten und mit Salz würzen.

Dazu Baguette und Ketchup reichen.

Lammlachs mit Zuckerschoten

1000 g Lammrücken, 2 Knoblauchzehen (zerdrückt), Rosmarin, Thymian, Salz, Pfeffer,
2 EL Öl.
300 g Zuckerschoten, Salz, 30 g Butter, Balsamicosoße.

Lammrücken mit den in Öl verrührten Kräutern und Gewürzen einreiben. Im 250 °C heißen Ofen 30 Minuten braten, auf 150 °C herunterschalten und weitere 30 Minuten braten. Backofen ausschalten und bei geöffneter Tür 10 Minuten ruhen lassen. Fleisch vom Knochen lösen und in 2 cm dicke Scheiben schneiden.
Zuckerschoten 3–4 Minuten in Salzwasser garen, abgießen und in der Butter schwenken.
Lachsscheiben mit Zuckerschoten und Balsamicosoße garnieren.

Dazu Baguette.

Lammlachs mit Traubensoße

500 g Lammlachs, 1 Knoblauchzehe, Salz, Pfeffer, 50 g Butterschmalz, 1 Zweig frischer Rosmarin, 400 ml Lammfond, dunkler Soßenbinder, je 100 g grüne und blaue kernlose Weintrauben.

Fleisch salzen, pfeffern und im heißen Butterschmalz braun braten, in Scheiben geschnittenen Knoblauch und Rosmarin zugeben und mit Lammfond ablöschen. Nach 6 Minuten das Fleisch in Alufolie wickeln und etwa 5 Minuten ruhen lassen. Den Sud mit Soßenbinder andicken und abschmecken.
Die Trauben in der Soße kurz aufkochen und mit dem in Scheiben geschnittenen Fleisch anrichten.

Dazu passt Kartoffelpüree.

Lammlachs im Blätterteig

750 g Lammlachs, 3 Blätter Wirsingkohl, 1 EL Senf, Salz, Pfeffer, 5 Stiele Thymian, 5 Scheiben Bacon, 4 Scheiben TK Blätterteig, 1 Eigelb.

Kräutermayonnaise:

125 g Mayonnaise, 1/2 Becher Vollmilchjoghurt, Schnittlauch, Zitronenmelisse und Basilikum (alles gehackt), Salz, Zucker.

Zutaten miteinander verrühren.

Die Kohlblätter garen. Das Fleisch mit Salz, Pfeffer, Thymian und Senf einreiben, in die Baconscheiben einwickeln und dann in die Kohlblätter wickeln. Blätterteig auftauen lassen und die Fleisch-Kohlrollen darin einwickeln. Die Ränder mit dem Eigelb bestreichen und fest andrücken. Bei 225 °C etwa 40 Minuten backen.

Dazu Kräutermayonnaise reichen.

Lammkoteletts mit Möhrensoße

1 l Lammfond, 100 g Möhren, Salz, Pfeffer, 1 TL Rosmarin, 4 doppelte Koteletts, Butter.

Lammfond bis auf etwa 4 dl eindampfen. Die Möhren darin garen und dann pürieren. Die Soße mit Salz, Pfeffer und Rosmarin abschmecken.
Die mit Salz, Pfeffer und Rosmarin gewürzten Lammkoteletts in heißer Butter braten.

Dazu serviert man Brokkoli, Blumenkohl, Möhren und Salzkartoffeln.

Lammkoteletts mit Kräuterbutter auf Tomaten

8 Lammkoteletts, 100 g Butter, je $^{1}/_{2}$ TL Kerbel, Estragon, Basilikum und Petersilie (frisch oder getrocknet), Salz, Pfeffer, 2 große Fleischtomaten.

Kräuter waschen, trocken schütteln und fein hacken. Butter und Kräuter verrühren und mit Salz und Pfeffer abschmecken.
Die Koteletts beiderseits mit der Buttermischung bestreichen und in einer heißen Pfanne auf jeder Seite 3 Minuten braten.
Aus der Pfanne nehmen und warm stellen.
Abgezogene und in Würfel geschnittene Tomaten in dem Bratenfett kurz dünsten und mit Pfeffer und Salz abschmecken.
Koteletts auf den Tomaten anrichten.
Als Beilage eignen sich grüne Bohnen und Kartoffelpüree.

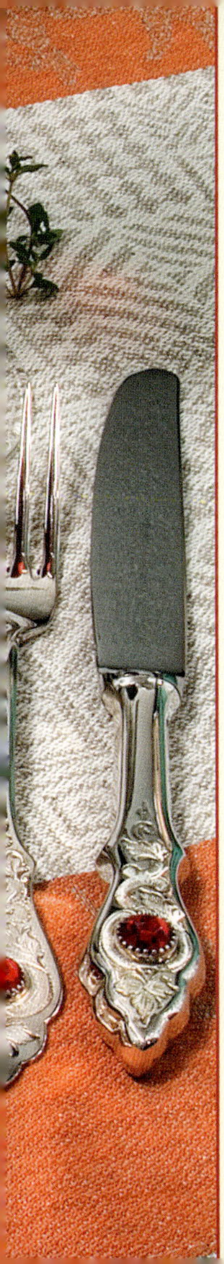

Lammkoteletts mit grünem Spargel

1000 g grüner Spargel, 50 g schwarze Oliven mit Stein, 175 g Fenchel, 1/2 Bund glatte Petersilie, 30 g Pinienkerne, 250 g Kirschtomaten, 100 g Schalotten, 1–2 Knoblauchzehen, 5 EL Olivenöl, 175 ml Gemüsebrühe, 8 Lammkoteletts, Pfeffer, 4–6 Thymianzweige.

Oliven vom Stein schneiden. Fenchelgrün und Petersilie grob hacken. Fenchel putzen, halbieren und den harten Strunk entfernen. Fenchel in dünne Spalten schneiden. Tomaten halbieren. Schalotten und Knoblauch schälen und fein würfeln. Pinienkerne in einer Pfanne ohne Fett rösten. Herausnehmen und beiseite stellen. Schalotten, Knoblauch und Fenchel in 2 EL Öl kräftig andünsten. Oliven und Brühe zugeben und etwa 5 Minuten einkochen lassen. Lammkoteletts salzen und pfeffern, im übrigen Öl bei starker Hitze 4 Minuten anbraten, wenden. Thymian dazugeben, weitere 2 Minuten braten. Die Tomaten zum Fenchel geben, salzen, pfeffern und 2 Minuten dünsten. Petersilie und Pinienkerne untermischen. Die Fenchel-Tomaten-Mischung auf dem gegarten, abgetropften Spargel verteilen. Mit den Koteletts servieren.

Dazu passt Kartoffelbrei.

Lammkoteletts auf Krautsalat

8 doppelte Lammkoteletts, 1 EL Öl, Salz, Pfeffer, Zucker, 700 g Weißkohl, 1 rote Paprikaschote, 3 EL Essig, 3 EL Öl.

Weißkohl raspeln, mit Salz durchkneten und ziehen lassen. Paprika in dünne Streifen schneiden, mit dem Kohl mischen. Aus Essig, Öl, Salz, Pfeffer und Zucker eine Marinade herstellen und zum Salat geben.
Die Koteletts in einer Pfanne in auf beiden Seiten 4 Minuten braten. Würzen.

Mit Backkartoffel und Kräuterquark anrichten.

Lammkoteletts mit Bouillongemüse

500 g Kartoffeln, 500 g Möhren, 500 g Porree, 1/2 Zwiebel, 1 Lorbeerblatt, 1/2 l Gemüsebrühe.
4 doppelte Lammkoteletts, 2 EL Öl, Salz, Pfeffer, 1 Glas Lammfond (400 g), 1 Knoblauchzehe, 1 Rosmarinzweig, 2–3 TL Soßenbinder.
1 Bund glatte Petersilie.

Kartoffeln schälen und in kleine Würfel schneiden. Karotten und Porree in Stücke schneiden. Halbierte Zwiebel mit dem Lorbeerblatt in der Gemüsebrühe aufkochen. Kartoffel- und Gemüsewürfel hineingeben und etwa 10 Minuten bei kleiner Hitze kochen.
Inzwischen den Fettrand der Koteletts mehrmals einschneiden. Fleisch in einer Pfanne im heißen Öl von jeder Seite etwa 4 Minuten braten. Salzen, pfeffern und in Alufolie verpackt warm stellen. Lammfond, abgezogene, halbierte Knoblauchzehe und Rosmarinzweig ins restliche Bratfett geben und bei großer Hitze auf die Hälfte einkochen. Eventuell mit Salz und Pfeffer nachwürzen und mit Soßenbinder andicken. Soße durch ein Sieb geben. Petersilie fein hacken und unter das Gemüse geben.

Lammkoteletts mit Soße und Bouillongemüse anrichten.

Geschmorte Haxe vom Salzwiesenlamm

4 Salzwiesenlammhaxen, 1 Zwiebel, 2 Möhren, $^1/_4$ Sellerieknolle, 2 EL Tomatenmark, 250 ml Rotwein, Rosmarin, Thymian, Bärlauch, Lorbeer, Salz, Pfeffer, Olivenöl, 1 mittelgroßer Spitzkohl, 16 Scheiben durchwachsener, geräucherter Speck (lang), 250 ml Gemüsebrühe, Kümmel, Soßenbinder.

Die Haxen würzen, in einem Bräter mit etwas Olivenöl anbraten, aus dem Bräter nehmen, klein geschnittene Zwiebel, Möhren und Sellerie in den Bräter geben und leicht anrösten. Jetzt das Tomatenmark zugeben und nur kurz mitrösten, danach sofort mit Rotwein ablöschen. Die Lammhaxen dazugeben und bis zur Hälfte mit Wasser bedecken, würzen und bei 160 °C im Backofen etwa 90–120 Minuten schmoren. Vom Spitzkohl die äußersten Blätter abnehmen, Kohl in acht gleich große Spalten teilen, jede Spalte mit zwei Speckscheiben umwickeln. Die Kohlspalten auf ein Backofenblech legen und mit der Gemüsebrühe begießen. Ein wenig Kümmel auf das Blech geben, das Blech mit den Kohlspalten für etwa 30 Minuten in den Backofen zu den Lammhaxen schieben und mitschmoren lassen. Die fertigen Haxen aus dem Bräter nehmen, Bratensaft passieren und mit Soßenbinder die Soße andicken.
Als Beilage eignet sich ein Sahne-Kartoffelpüree.

1999er Dornfelder
Alsheimer Sonnenberg

Lammhaxe mit Knoblauchpüree

4 Lammhaxen, Pfeffer, 4 EL Öl, 10 Schalotten, 6 getrocknete Aprikosen, 1 Glas Rotwein, $^{1}/_{8}$ l Rinderbrühe, Schale von einer halben Orange, 2 Lorbeerblätter.
Püree: 500 g Kartoffeln, 10 Knoblauchzehen, $^{1}/_{4}$ l Milch, 4 EL Olivenöl, Salz, Basilikum.

Die Haxen abspülen, trocken tupfen, pfeffern. In Öl rundherum kräftig anbraten, herausnehmen, in einen Bräter legen. Schalotten abziehen, mit den Aprikosen dazugeben. Rotwein und Brühe angießen. Orangenschale dünn abschälen und mit den Lorbeerblättern dazugeben. Bräter schließen und bei 160 °C etwa 2 Stunden im Ofen schmoren.
Kartoffeln schälen, in Salzwasser zum Kochen bringen. Knoblauchzehen pellen, dazugeben. Alles gar kochen und abgießen. Heiße Milch und Olivenöl dazugeben und kräftig durchstampfen, nicht rühren. Mit Salz abschmecken.

Püree mit Lammhaxen anrichten, mit Basilikum bestreuen. Dazu passt ein würziger Rotwein.

Lammhaxe mit Basilikum

4 Lammhaxen, Salz, Pfeffer, 8 EL Olivenöl, 800 g Eiertomaten, 100 g Zwiebeln, 1 Lorbeerblatt, 1 Zweig Thymian, 5 Salbeiblätter, 1 Knoblauchzehe, 1 Bund Basilikum, je 1 Stück unbehandelte Zitronen- und Orangenschale.

Lammhaxen von Haut und Sehnen befreien, salzen, pfeffern. 4 EL Öl erhitzen, Haxen anbraten, zugedeckt im Ofen bei 180 °C etwa 30 Minuten garen.
Tomaten häuten, würfeln. Zwiebeln würfeln. Lorbeer, Thymian, Salbei fein wiegen. Zwiebeln und Gewürze im Bratfett dünsten. Tomaten zugeben, zugedeckt 60 Minuten garen. Fleisch zwischendurch wenden und falls nötig mit Wasser begießen.
Knoblauchzehe, Basilikum, Zitronen- und Orangenschale fein wiegen, restliches Öl unterschlagen, in die Bratensoße rühren, alles noch etwas durchziehen lassen.

Lammleber auf Apfelscheiben

400 g Lammleber, 2 Äpfel, 2 Zwiebeln, 2 EL Butter, 2 EL Mehl, Salz, Pfeffer.

Äpfel waschen, Kerngehäuse ausstechen und in dicke Scheiben schneiden. In Butter braten, aus der Pfanne nehmen und warm stellen.
Zwiebelringe braun braten und mit den Apfelscheiben warmhalten.
Leber durch das Mehl ziehen und schnell von beiden Seiten braten. Mit Salz und Pfeffer würzen. Die Leber auf den Apfelscheiben mit Zwiebelringen anrichten.

Dazu schmeckt Petersilienpüree.

Geschnetzelte Lamm-leber mit Kräutern

400 g Lammleber, 2 EL Butter, 2 Zwiebeln, 1 EL Mehl, 1 Becher Sahne, Schnittlauch, Thymian, Estragon, Petersilie, Salz, Pfeffer, Salat.

Leber in mundgerechte Stücke schneiden, in Mehl wenden und mit den gehackten Zwiebeln braten. Mit Sahne und gehackten Kräutern ablöschen. Mit Salz und Pfeffer abschmecken.

Auf Salat mit Baguette servieren.

Kohlrouladen

400 g Lammhackfleisch, 2 Eier, 1 Zwiebel, 1 Knoblauchzehe, 1 Brötchen, Salz, Pfeffer, Paprika edelsüß, 1 Weißkohl, Fett zum Anbraten, Mehl zum Binden, Tomatenmark.

Äußere Blätter vom Kohl entfernen. Salzwasser zum Kochen bringen, Kohlkopf 10 Minuten vorkochen. Herausnehmen. 8 Blätter ablösen.
Brötchen einweichen, ausdrücken, mit dem Hack, Eiern, gewürfelter Zwiebel, zerdrückter Knoblauchzehe, 200 g gewürfeltem Kohl, Salz, Pfeffer und Paprika mischen.
Diese Hackmasse auf die Kohlblätter verteilen und aufrollen. Die Rouladen mit Baumwollgarn verschließen. Von allen Seiten gut braun braten, Kohlbrühe daraufgeben und im geschlossenen Topf 30–45 Minuten schmoren. Soße mit Mehl binden und mit Tomatenmark abschmecken.

Dazu schmecken Salzkartoffeln.

Frikadellen mit Schafskäse

500 g Lammhack, 2 Zwiebeln, 1 Brötchen, 1 Ei, Salz, Pfeffer, 100 g Schafskäse, $^1/_2$ TL Rosmarin, 1 Stiel Thymian, 2 Stiele Rosmarin, Öl zum Braten, $^1/_4$ l Brühe, 1 Dose (425 ml) weiße Bohnen, 400 g grüne Bohnen, 1 Zitrone.

Eingeweichtes und ausgedrücktes Brötchen mit dem Hack, 1 gehackten Zwiebel, Ei, Pfeffer, Salz und getrocknetem Rosmarin zu Frikadellen verarbeiten. In diese je ein Stück Schafskäse drücken. Mit abgezupften Rosmarinnadeln belegen und braten. Warm stellen.
Die übrige Zwiebel würfeln und mit den weißen Bohnen dünsten. Grüne Bohnen garen.
Bratenfond mit Brühe und Zitronensaft ablöschen und über das Gemüse geben.
Frikadellen und Gemüse mit Salzkartoffeln anrichten und mit Zitronenspalten und Thymian garnieren.

Hackfleisch mit Zwiebelringen

1 Gemüsezwiebel, 2 EL Öl, 2 Fleischtomaten, 750 g Lammhackfleisch, 2 Knoblauchzehen, 1 Glas gefüllte Oliven (85 g), Salz, frisch gemahlener Pfeffer, Paprika edelsüß.

Die Zwiebel abziehen und in Ringe schneiden. In heißem Öl goldgelb braten. Herausnehmen und warm stellen. Die Tomaten mit kochendem Wasser übergießen und die Haut abziehen. Die Tomaten vierteln. Hackfleisch und zerdrückten Knoblauch im Bratfett braun anbraten. Tomatenviertel und Oliven zugeben. Mit Salz, Pfeffer und Paprika abschmecken. In der geschlossenen Pfanne 10 Minuten dünsten.
Das Hackfleisch mit den Zwiebelringen anrichten.

Dazu passt Reis.

Lammhackröllchen

500 g Lammhackfleisch, 1 Zwiebel, 2 Stiele Minze, 1 Ei, Salz, Pfeffer, gemahlener Koriander, 2 EL Olivenöl, 200 g Langkornreis, 200 g Staudensellerie, 1 Becher Vollmilchjoghurt, 1 Becher Crème fraîche, Zitronensaft, Zucker.

Zwiebeln würfeln, Minze fein hacken. Hackfleisch, Zwiebeln, Minze, Ei, Pfeffer, Salz und Koriander verkneten und in fingerdicke Röllchen formen, kurz vor dem Servieren in Öl braten.
Reis in Salzwasser garen, Sellerie putzen und waschen. Dicke Stiele in Scheiben, dünne in Stücke schneiden und 1 Minute blanchieren.
Joghurt und Crème fraîche verrühren und mit Zitronensaft, Pfeffer und Zucker abschmecken.

Lammfilet-Salat

500 g Lammfilet, 5 EL Öl, Salz, Pfeffer, Zucker, 1 Kopf Eichblattsalat, 200 g Raukesalat, 200 g Salatgurke, 150 g kleine Tomaten, 1 Zwiebel, 1 Knoblauchzehe, einige Stiele Thymian, 4 EL Weinessig.

2 EL Öl in einer Pfanne erhitzen. Lammfilet darin scharf anbraten, herausnehmen. Mit Salz und Pfeffer würzen und abkühlen lassen. In der Zwischenzeit Salat putzen, waschen und abtropfen lassen. Gurke waschen, in dünne Scheiben schneiden. Tomaten putzen, waschen und vierteln. Zwiebel und Knoblauch schälen und fein hacken. Thymian waschen und fein hacken. Essig mit Salz, Pfeffer und Zucker würzen. Restliches Öl darunterschlagen. Thymian, Zwiebel und Knoblauch unterheben.
Lammfilet in Scheiben schneiden. Salatzutaten und Lammfilet auf Tellern anrichten. Vinaigrette darüber verteilen und sofort servieren.

Dazu schmeckt ein Ciabatta.

Lammfilet auf Feldsalat

400 g Lammfilet, 2 EL Knoblauchöl, Salz, Pfeffer, 150 g Feldsalat, 100 g Champignons, 1 rote Zwiebel, 1 gelbe Paprikaschote, 2 EL Zitronensaft, 1 TL süßer Senf, 4 EL Nussöl, 30 g Sonnenblumenkerne.

Lammfilet waschen, trocken tupfen und im heißen Öl rundherum 5 Minuten braten. Mit Salz und Pfeffer würzen und in Folie wickeln. Feldsalat waschen, putzen und auseinanderzupfen. Champignons waschen, putzen und in Scheiben schneiden. Zwiebel pellen und in feine Ringe schneiden. Paprikaschote waschen, putzen und in Streifen schneiden. Zitronensaft, Senf, Salz und Pfeffer verrühren; nach und nach das Öl unterrühren. Alle Salatzutaten mit der Marinade mischen.
Sonnenblumenkerne in einer trockenen Pfanne goldgelb rösten und über den Salat streuen.
Lammfilet in Scheiben schneiden und auf dem Salat anrichten.

Bauernsalat mit Schafskäse

Je $^1/_2$ gelbe, rote und grüne Paprikaschote, $^1/_2$ Salatgurke, 10 Cocktailtomaten, $^1/_2$ Kopf grüner Salat, 50 g Oliven, 200 g Schafskäse.
Marinade: 1 EL Essig, 3 EL Öl, 1 EL Zitronensaft, $^1/_2$ TL Zucker, Salz, 1 TL Chilisoße, 10 Blättchen Basilikum (fein gehackt).

Salat waschen, in Stücke pflücken. Paprika waschen, halbieren, entkernen und in feine Streifen schneiden. Gurke waschen und in Scheiben schneiden. Tomaten und Oliven halbieren. Käse würfeln. Alles mischen.
Für die Marinade: Essig, Zitronensaft, Öl, Chilisoße, Zucker, Salz und Basilikumblättchen verrühren und über den Salat geben.

Eingelegter Schafskäse

400 g Schafskäse, 2 Zwiebeln, 3 Knoblauchzehen, 5–10 rote Chilischoten aus dem Glas, Pflanzenöl.

Schafskäse in Würfel schneiden, Zwiebeln in Ringe schneiden und die Knoblauchzehen halbieren.
Alle Zutaten in ein dekoratives, luftdicht zu verschließendes Glas legen und mit Pflanzenöl auffüllen, bis alle Zutaten bedeckt sind.
An einem kühlen Ort 4–5 Tage ziehen lassen.

Eingelegter Schafskäse schmeckt als Appetithappen zwischendurch ebenso gut wie in Salaten oder zu einem Glas Wein.

Die Rezepte sind, wenn nicht anders angegeben, für vier Personen berechnet. Alle Rezepte und Tipps sind mit Sorgfalt ausgewählt und geprüft. Eine Haftung des Verlages und seiner Beauftragten für alle erdenkliche Schäden an Personen, Sach- und Vermögensgegenständen ist ausgeschlossen.

Bibliografische Information der Deutschen Nationalbibliothek

Die Deutsche Nationalbibliothek verzeichnet diese Publikation in der Deutschen Nationalbibliografie; detaillierte bibliografische Daten sind im Internet über http://dnb.d-nb.de abrufbar.

Gesamtherstellung: Husum Druck- und Verlagsgesellschaft
Postfach 1480, D-25804 Husum – www.verlagsgruppe.de
Kochstudio: ppfotodesign Frauke Pump

ISBN 978-3-89876-436-0

Inhalt